프란치스코 교황이 초대하는
이달의 묵상

희망

프란치스코 교황 지음 · 강대인 옮김

가톨릭출판사

WHAT POPE FRANCIS SAYS ABOUT HOPE
ⓒ 2017 by Twenty-Third Publications / Bayard
1 Montauk Avenue, Suite 200, New London, CT 06320 USA

프란치스코 교황이 초대하는 이달의 묵상: 희망

2020년 5월 27일 교회 인가
2020년 10월 20일 초판 1쇄 펴냄

지은이 · 프란치스코 교황
옮긴이 · 강대인
펴낸이 · 염수정
펴낸곳 · 가톨릭출판사
편집 겸 인쇄인 · 김대영

본사 · 서울특별시 중구 중림로 27
등록 · 1958. 1. 16. 제2-314호
전자우편 · edit@catholicbook.kr
전화 · 1544-1886(대표 번호)
지로번호 · 3000997

ISBN 978-89-321-1740-9 04230
ISBN 978-89-321-1676-1 (세트)

값 8,800원

가톨릭의 모든 도서와 성물을 '가톨릭출판사 인터넷쇼핑몰'에서 만나 보실 수 있습니다.
http://www.catholicbook.kr | (02)6365-1888(구입 문의)

성경 ⓒ 한국천주교중앙협의회, 2020.

이 책의 한국어판 저작권은 (재)천주교서울대교구 가톨릭출판사에 있습니다.
저작권법에 의해 한국 내에서 보호를 받는 저작물이므로 무단 전재와 무단 복제를 금합니다.

이 도서의 국립중앙도서관 출판예정도서목록(CIP)은 서지정보유통지원시스템 홈페이지(http://seoji.nl.go.kr)와 국가자료종합목록 구축시스템(http://kolis-net.nl.go.kr)에서 이용하실 수 있습니다. (CIP제어번호: CIP2020037409)

프란치스코 교황과 함께하는 365일 묵상

프란치스코 교황이 초대하는
이달의 묵상

희망

프란치스코 교황 지음 · 강대인 옮김

가톨릭출판사

시작하는 글

"오늘날 신뢰와 희망이
얼마나 절실히 필요합니까!"

2014년에 프란치스코 교황이 특별히 중동 문제를 두고 한 이 말은 오늘날에도 수많은 상황에 적용될 수 있습니다.

세상이 너무 벅찰 때, 온갖 나쁜 뉴스로 우울할 때, 우리 가족이 갈라지고 흩어져 살 때, 해야 할 일이 끝없이 밀려들 때, 모든 전망이 다 절망적일 때가 바로 희망에 면밀한 관심을 기울여야 할 때라고 프란치스코 교황은 말합니다. 희망은 우리가 가톨릭 신자임을 알려 주는 근본적인 덕목입니다.

언제나 그러하듯, 교황의 메시지는 매우 분명하고도 강렬합니다. "그리스도인은 멸망의 예언자가 아닙니다. 복음 메시지를 묵상할 때, 거기서 희망으로 기뻐할 수 있는 힘을 찾습니다."

《프란치스코 교황이 초대하는 이달의 묵상: 희망》이 힘을 북돋아 주는 위로가 되어, 우리 모두가 희망에 찬 기쁨의 예언자가 되기를 빕니다.

목차

시작하는 글 ··· 4

1 현재 그 너머를 바라보며 ··· 10
2 하느님이 우리와 함께 계십니다 ··· 14
3 희망의 뿌리를 키우며 ··· 18
4 겸손한 희망 ··· 22
5 희망은 위험합니다 ··· 26
6 우리는 혼자가 아닙니다 ··· 30
7 희망의 모상, 산고 ··· 34
8 희망의 모상, 닻 ··· 38

9 실망하기는 쉽습니다 ··· 42

10 희망은 우리를 바꾸어 줍니다 ··· 46

11 희망 대 낙관 ··· 50

12 희망의 은총 ··· 54

13 희망이 가져다주는 기쁨 ··· 58

14 믿음이 희망을 줍니다 ··· 62

15 모든 것이 어둡게 보일 때 ⋯ 66

16 하느님은 언제나 진실하십니다 ⋯ 70

17 희망의 등불이 되어 ⋯ 74

18 어디에서 세상의 희망을 찾고 있습니까? ⋯ 78

19 신뢰는 지금 시작됩니다 ⋯ 82

20 성령과 함께 ⋯ 86

21 권태와 환멸이 덮칠 때 ⋯ 90

22 희망을 나누는 사람 ⋯ 94

23 목적 안에서 서로 일치하여 ⋯ 98

24 디딤돌을 찾아 ⋯ 102

25 두려워하지 마십시오 ⋯ 106

26 행복한 확신 ⋯ 110

27 하느님의 자비는 끝이 없습니다 ⋯ 114

28 고요하고 겸손하고 강렬한 희망 ⋯ 118

29 희망의 사람이 되어 ⋯ 122

30 이제 시작해 봅시다 ⋯ 126

1.

현재 그 너머를 바라보며

예수님의 희망을 선포하는 사람들은

기쁨을 가져다줍니다.

온갖 문제와 죄악 그 너머를 볼 줄 알기에

아주 멀리 내다봅니다.

†

"너무 오래 앉아 있으면 더 높게 보인다."라는 말이 있습니다. 많은 사람들이 이 말에 익숙할 것입니다. 특별히 개인이나 국가의 암흑기나 영적인 어둠 속에 있을 때, 희망은 매우 어려운 덕목이 될 수 있습니다. 우리는 신앙이 은총임을 압니다. 사랑을 실천하는 지침도 가지고 있습니다. 그러나 희망은 달아날 수 있습니다. 그럴 때 걱정하지 마십시오. 멸망의 예언자가 되어서는 안 됩니다. 하느님이 마음에 두신 계획을 신뢰하며 현재의 상황 그 너머를 볼 수 있어야 합니다. 잠깐 멈추고 '우리' 안에 있는 하느님의 희망을 바라본다면, 더 쉽게 희망할 수 있을 것입니다.

묵상

- 나는 희망에 차 있는가? 아니면 실의에 자주 빠지는가?

오늘의 다짐

_____

_____

_____

기도

희망의 하느님,

저를 에워싸고 있는 어둠을 걷어 주시어,

제가 하느님을 더 잘 뵙게 하소서.

(주님의 기도, 성모송, 영광송)

오늘의 지향

2.

하느님이 우리와 함께 계십니다

예수님은 언제나 우리 곁에서 걷고 계십니다.

몹시 어두운 순간에도 그러십니다.

예수님이 당신 현존을 보여 주실 것입니다.

†

 엠마오로 가던 길에서 제자들이 예수님과 나눈 대화는 예수님이 인간의 성향을 얼마나 잘 이해하고 계시는지 보여 줍니다. 제자들은 예수님의 죽음으로 희망이 완전히 좌절되었다고, 그 희망이 사라져 버렸다고, 계속하는 것은 무의미하다고 불평하고 있었습니다. 예수님은 어떻게 하십니까? 그분은 먼저 인내하십니다. 제자들의 말을 잘 들으시는 것입니다. 그다음에야 그분은 그들을 가르치십니다. 하느님이 모든 시대의 전 역사를 통하여 어떻게 오셨는지 일깨워 주십니다. 몹시 어두운 이 시대에 하느님이 현존하고 계심을 알려 주시는 것입니다. 이를 기억할 때 우리 마음속에는 희망의 빛이 빛나기 시작합니다. 그 희망의 빛을 바라볼 수 있습니다.

묵상

- 자신의 맹목적인 나무 때문에 하느님 사랑의 숲 전체를 보지 못하고 있지는 않은가?

오늘의 다짐

기도

희망의 하느님,

저와 함께 걸으시며 제 눈을 열어 주시어

기쁨을 바라보게 하소서.

(주님의 기도, 성모송, 영광송)

오늘의 지향

3.

희망의 뿌리를 키우며

희망은 하느님에게서 오는 은총입니다.

그 희망의 빛이

우리의 어둠을 비추도록 간청해야 합니다.

†

　우리 마음에서 하느님의 사랑이 가닿을 수 없는 구석은 없다는 말은 매우 힘을 북돋아 줍니다. 우리가 잘못할 때에도 하느님은 그 자리에 계시며 결코 사랑을 거두지 않으십니다. 우리 삶 속에, 세상 안에 계시는 하느님의 현존을 신뢰하며 하느님께 우리 자신을 열어 드리십시오. 그러면 내면에 묻힌 심오한 희망을 찾기 시작할 것입니다. 그리고 하느님이 우리와 함께 계신다는 것을 아는 데서 나오는 확신과 힘을 찾기 시작할 것입니다. 이 희망은 이미 우리 안에 있는 은총입니다. 다만 이 희망이 자라나도록 도와야 합니다.

묵상

- 나를 위한 하느님의 조건 없는 사랑을 믿은 적이 언제였는가?

오늘의 다짐

_____

_____

_____

기도

희망의 하느님,

제가 날마다 하느님을 바라보며

하느님의 말씀을 듣고,

삶의 순간 순간마다 하느님을 찾도록

저를 도와주소서.

(주님의 기도, 성모송, 영광송)

오늘의 지향

4.

겸손한 희망

희망은 그 자체를 삶 속에 숨기고 있기에

가장 겸손한 덕입니다.

†

온갖 상황과 환경이 우리를 좌절시키려고 위협할 때, 길을 잃고 온갖 활동에 무슨 의미가 있는지 의아해할 때, 우리는 희망에 놀랍고도 강력한 힘이 있음을 깨달아야 합니다. 희망은 바깥에 있지 않고 삶 속에 숨어 있습니다. 희망은 우리 안에 가지고 다니는 것입니다. 우리는 희망을 보여 주시어 다른 사람들과 함께 그 희망을 나누게 해 달라고 기도해야 합니다. 하느님이 우리 한 사람 한 사람 안에서 하시는 일을 신뢰할 때, 희망의 작은 불꽃은 활활 타오르는 불길이 될 수 있습니다.

묵상

- 내 안에 희망의 씨앗을 가지고 있는가?

오늘의 다짐

기도

희망의 하느님,

제 안에 있는 희망을 찾아

그 희망을 키우도록 저를 도와주소서.

(주님의 기도, 성모송, 영광송)

오늘의 지향

5.

희망은 위험합니다

희망은 하느님의 아드님을 보여 주시기를

간절히 열망하는 덕입니다.

희망은 이 계시를 향해,

이 기쁨을 향해 분투하는 것입니다.

†

희망은 기쁨에 결부되어 있습니다. 저는 분노, 공포, 불신과 같은 말을 '간절한 열망,' '분투,' '구원'으로 바꾸어 놓고 싶습니다. 우리는 관심의 초점을 바꾸고, 믿음에 우리 자신을 열어젖히고, 희망은 가능하다는 것을 믿어야 합니다. 어두운 시대에는 '웃음이 가득 찬 마음'을, '기쁨이 넘치는 말'을 상상하기 어렵습니다. 그러나 그 위험을 받아들일 각오가 되어 있다면, 희망은 바로 그렇게 할 수단을 줄 것입니다. 한번 어둠의 장막을 걷어 제치고 나면, 그 장막이 다시 내려오기는 어려울 것입니다.

묵상

- 희망을 지니고 살아갈 위험을 받아들일 각오가 되어 있는가?

오늘의 다짐

___

___

___

기도

희망의 하느님,

오늘 한 번이라도 가장 작은 일에서

희망을 찾도록 이끌어 주시고,

다른 사람들이 그 희망의 기쁨을 찾는 데

힘이 될 수 있게 도와주소서.

(주님의 기도, 성모송, 영광송)

오늘의 지향

6.

우리는 혼자가 아닙니다

우리 안에 희망의 정신을 심어 놓으신

하느님은 인간의 타락을 직시하면서도

인내로 기다리십니다.

하느님은 결코 포기하지 않으십니다.

†

　희망을 품기 어려울 때일수록 희망에 가득 차 계신 하느님을 생각해야 합니다. 어김없이 그릇된 길로 곤두박질치는 인간에 대해서도 불멸의 희망을 지니고 계시는 하느님을 잠깐이라도 상상해 보십시오. 하느님은 우리의 온갖 나약함에도 우리를 믿어 주시며, 끊임없이 희망을 넘어 희망하십니다. 하느님이 우리에 대한 희망에 가득 차 계실 수 있다면, 우리도 우리 안에 있는 희망을 신뢰하도록 노력할 수 있지 않겠습니까? 우리를 그토록 완전히 이해하시는 분보다 더 좋은 동반자를 모실 수 있겠습니까?

묵상

- 하느님의 신뢰를 생각하는 게 용기를 얻는 데 도움이 되는가? 아니면 그러한 생각만으로도 두려워지는가?

오늘의 다짐

_____

_____

_____

기도

희망의 하느님,

하느님의 현존과 이끄심과 사랑을 신뢰하도록

저를 도와주소서.

(주님의 기도, 성모송, 영광송)

오늘의 지향

7.

희망의 모상, 산고

우리는 아기를 낳는 어머니처럼

기다리고 있습니다.

희망은 하나의 산고입니다.

†

  삶 속에서 어떻게 희망을 알아보고 끌어안을 수 있을까요? 산고産苦를 겪는 여인의 모습을 생각해 보십시오. 이 극도의 고통을 느끼는 순간에, 새로운 한 생명이 세상에 들어옵니다. 새로 태어난 그 아기에게 부모의 온갖 희망과 꿈이 담겨 있습니다. 마치 아기가 그 어머니의 태중에서 나와야 하듯이, 우리 안에 숨어 있는 희망도 그렇게 진통을 거쳐 나와야 합니다. 그 희망이 한번 세상에 나온 다음에, 우리는 계속 그 희망을 먹여 살리고 키워 모든 사람이 그 혜택을 받게 해야 합니다.

묵상

- 나의 인생에서 희망을 찾으려고 노력했던 적이 있는가?

오늘의 다짐

기도

희망의 하느님,

귀중한 모든 것에는 분투와 고통이 있음을

일깨워 주시어,

어려움 가운데서도 이 희망의 여정을

신뢰하도록 도와주소서.

(주님의 기도, 성모송, 영광송)

오늘의 지향

8.

희망의 모상, 닻

어디에 닻을 내렸습니까?

모든 것이 안전하고 편안한 곳에 정착했다면

이것은 희망이 아닙니다.

†

  초기 그리스도인들은 하느님께 자기네 희망을 둔다는 상징으로 닻을 사용했습니다. 닻이라는 이 표상을 묵상해 봅시다. 하느님이 바라시는 대로 우리가 세워 나갈 미래에 더 가깝게 우리를 당겨 주리라 믿고, 그 닻을 멀리 던집니까? 아니면 모든 것을 잘 알고 안전한 곳에, 우리가 있는 곳에 더 가깝게 닻을 내립니까? 우리 자신이 만들어 낸 '인공 호수'에 만족한다면, 그곳에는 어떠한 새로운 발견도 없기에, 희망을 갖지 못합니다. 희망은 전혀 모르는 곳으로 뛰어들라고 요구합니다. 우리가 길을 잃지 않도록 하느님이 이끌어 주시리라 믿고 도약을 하라고 요구합니다. 그렇게 희망하도록 노력해야겠습니다.

묵상

- 하느님은 나의 닻이며 길잡이신가? 하느님의 선하심과 사랑을 온전히 신뢰하는가?

오늘의 다짐

_____

_____

_____

기도

희망의 하느님,

저를 안전하게 본향으로

이끌어 주시리라는 것을 알고 있으니,

보이지 않는 곳으로 멀리 닻을 던지도록

저를 도와주소서.

(주님의 기도, 성모송, 영광송)

오늘의 지향

9.

실망하기는 쉽습니다

현실은 암울합니다.

너무나 많은 사람들이 고통받습니다.

수많은 전쟁, 무수한 증오와 시기,

부패가 넘쳐 납니다.

†

  희망을 추상적으로 생각하기는 매우 쉽습니다. 그러나 세상에 대해 희망을 가진다는 것은 무모하게 보이기도 합니다. 현실 세계에서는 실망을 하기가 쉽습니다. 그러기에 이 희망의 은총은 우리가 보관해 두어야 할 것이 아님을 명심해야 합니다. 하느님의 모든 은총과 같이, 희망은 나누어야만 합니다. 희망의 빛이 다른 사람들을 비추게 해야 합니다. 희망은 가난한 사람, 목소리가 없는 사람, 곤궁한 사람, 두려움에 떠는 사람들을 지지하는 데 필요한 목소리를 찾도록 도와줍니다.

묵상

- 실망과 무력감에 잘 빠지지는 않는가? 희망을 간직할 수 있는가?

오늘의 다짐

_____

_____

_____

기도

희망의 하느님,

희망이 지닌 힘을 일깨워 주시고,

언제나 그 희망의 빛을

다른 사람들과 함께 나누게 하소서.

(주님의 기도, 성모송, 영광송)

오늘의 지향

10.

희망은 우리를 바꾸어 줍니다

우리는 희망의 사람이 되는

은총을 간청해야 합니다.

†

일터가 바뀌거나 윗사람이 바뀌든, 사는 도시가 바뀌거나 선출 공직자들이 바뀌든, 오순도순 모여 살던 가정이 빈 둥지가 되어 버리든, 변화 그 자체는 언제나 힘듭니다. 올바른 때에 이루어진 올바른 일로 변화를 받아들인다 하더라도, 불확실성과 두려움에 가득 차게 되면, 변화에 적응하기가 힘들 수 있습니다. 그러나 희망이 바꿀 수 있고 또 바꾸어 줄 그 길을 두려워하지 마십시오. 우리는 희망의 사람이 되고 빛으로 가득 찬 사람이 되는 은총을 간청해야 합니다. 우리 주위의 어두운 곳에 희망의 빛이 비치도록 도울 수 있는 사람이 되어야 합니다. 하느님이 함께 계심을 알기에 안심하고 새로운 현실로 걸어 들어간다면, 변화에 대응하는 방식이나 다른 사람들에게 미칠 영향력에서 수많은 차이를 만들어 낼 수 있습니다.

묵상

- 변화를 두려워했지만 그 변화가 놀라운 것으로 드러난 적이 있는가?

오늘의 다짐

_____

_____

_____

기도

희망의 하느님,

변화에 대한 제 두려움을 없애시고

저를 기쁨으로 가득 채워 주소서.

(주님의 기도, 성모송, 영광송)

오늘의 지향

11.

희망 대 낙관

낙관주의와 희망을 혼동하지 마십시오.

낙관주의는 삶에 대한 마음의 태도입니다.

희망은 하느님께 바라는 덕입니다.

†

    희망은 낙관적인 태도와 다릅니다. 기대하는 대로 일이 진척되지 않을 때, 나쁜 소식을 들을 때, 뜻대로 일을 하지 못할 때, 낙관주의는 순식간에 사라져 버릴 수 있습니다. 그렇지만 부정적인 결과가 나오더라도, 희망은 존재합니다. 하느님이 우리 희망의 창조주이시므로, 희망은 언제나 실존합니다. 어쩌면 음울한 전망들이 스며들 수도 있습니다. 그러나 희망이 우리 존재 안에 깊숙이 뿌리박고 있을 때, 참으로 희망하며 희망에 가득 찬 사람은 이 암울한 여정을 혼자 걷지 않는다는 것을 압니다.

묵상

- 비탄 속에서도 희망을 찾았던 적이 있는가?

오늘의 다짐

기도

희망의 하느님,

"죽음의 골짜기"를 두려워하지 않던

시편 작가와 같은 확신과 평화로

저를 가득 채워 주소서.

(주님의 기도, 성모송, 영광송)

오늘의 지향

12.

희망의 은총

주님이 우리를 위로하시고

희망 안에서 새롭게 창조하시기에

우리는 계속 희망할 수 있습니다.

†

 살다 보면 기도가 응답을 받지 못한다고 느끼며, 실망하고 낙담하며 두려워할 때가 매우 많습니다. 인생은 우리를 극복하기 힘든 굴곡 속으로 내던질 수 있고 또 내던집니다. 이러할 때에는 흔히 하느님을 찾기가 어렵고, 때로는 무정한 분이라며 하느님을 배척하기가 더 쉽습니다. 그러나 그러한 때일수록 하느님을 부르십시오! 하느님은 언제나 문을 열어 주실 것입니다. 어둠 속에서도 하느님이 우리 삶 속에서 좋은 일을 하고 계심을 신뢰한다면, 그때에 희망은 우리 안에 살아 있습니다. 하느님은 기꺼이 도와주십니다.

묵상

- 언제 하느님의 현존이나 부재를 느꼈는가?

오늘의 다짐

기도

희망의 하느님,

제가 막다른 벽에 부딪치지 않고,

언제나 열린 문을 볼 수 있도록

저를 도와주소서.

(주님의 기도, 성모송, 영광송)

오늘의 지향

13.

희망이 가져다주는 기쁨

예수님이신 바위 위에 언제나

확고히 서 있을 수 있도록 하느님께 간청하십시오.

예수님은 우리의 희망이십니다.

†

 덧없는 것, 물질적인 것, '오늘 여기 있다가 내일이면 사라질' 것들에 신뢰와 희망을 둘 때, 가장 근본적인 것을 놓치고 맙니다. 하느님은 우리를 기다리시고 보살피시며, 기쁨이 넘치는 희망으로 가득 채워 주시려고, 언제나 거기에 계십니다. 우리를 기쁨과 평화로 이끄시는 하느님의 조건 없는 사랑과 용서를 보증받았다는 것, 이것이 바로 그리스도인의 참기쁨입니다. 흔히 우리 세상에서는 희망에 의지하기보다는 절망에 굴복해 버리기 더 쉽습니다. 그러나 바오로 사도는 이렇게 말했습니다. "하느님께서 우리 편이신데, 누가 우리를 대적하겠습니까?"(로마 8,31)

묵상

- 하느님이 나를 사랑하시며, 나를 용서하시고, 내가 기쁘게 살기를 바라신다는 것을 신뢰하는가?

오늘의 다짐

기도

희망의 하느님,

제게 신뢰하는 마음을 주시고,

하느님의 현존에 제 마음을 열 수 있도록

이끌어 주소서.

(주님의 기도, 성모송, 영광송)

오늘의 지향

14.

믿음이 희망을 줍니다

하느님을 신뢰하며 고백하고 키워 온 믿음으로

우리는 세상에 대한 승리를 얻습니다.

†

　희망은 허공에 존재하지 않습니다. 실제로 믿음과 희망과 사랑의 향주삼덕向主三德은 모두 함께 일합니다. 믿음은 희망의 힘을 북돋아 주고, 희망이 희미하게 보일 때에도 계속 희망할 수 있게 해 줍니다. 희망은 믿기 어려울 때에도 믿음을 키워 줍니다. 우리는 믿음과 희망이 새로워지는 것을 사랑하므로, 사랑은 믿음과 희망과 함께 일합니다. 이 모든 은총은 다른 사람들과 함께 나누도록 주어진 것입니다. 하느님을 신뢰하는 순종으로 이 은총을 함께 나눌 때 이 은총이 다른 사람들의 삶 속에서도 어떻게 일하는지 알 수 있습니다. 이 은총은 선을 위하여 일할 수 있는 힘과 능력을 줍니다.

묵상

- 일상생활에서 믿음과 희망과 사랑을 실천할 수 있는 길을 어떻게 찾을 수 있는가?

오늘의 다짐

기도

희망의 하느님,

희망을 신뢰하는 제 믿음을 더욱 굳세게 하시어,

삶의 길에서 만나는 모든 사람을

더 깊이 사랑하게 하소서.

(주님의 기도, 성모송, 영광송)

오늘의 지향

15.

모든 것이 어둡게 보일 때

역사의 모든 시대마다 일어나는 변란을

두려워하지 말라고

예수님은 확고히 말씀하셨습니다.

참혹한 시련과 불의에 직면하더라도

두려워해서는 안 됩니다.

†

모든 일이 순탄하게 잘 돌아갈 때에는 희망을 믿기 쉽습니다. 그러나 상황이 우리의 통제력이나 영향력을 넘어설 때, 인간은 두 손 들고 물러서려는 경향이 있습니다. 그러나 그와 반대로, 우리의 희망을 예수님께 둘 때, 예수님은 결코 우리를 저버리지 않으실 것입니다. 시련 가운데서도 우리는 하느님의 관심과 호의에 의지할 수 있습니다. 희망과 신뢰 속에서 하는 가장 작은 행동이 변화를 만들어 냅니다. 희망이 그 열쇠입니다.

묵상

- 어두울 때에도 마치 대낮인 것처럼 희망을 키울 수 있는가?

오늘의 다짐

기도

희망의 하느님,

하느님께서 언제나 저와 함께 계신다는 것을

일깨워 주소서.

(주님의 기도, 성모송, 영광송)

오늘의 지향

16.

하느님은 언제나 진실하십니다

하느님이 약속하신 것은

무엇이든 그분께 간청하십시오.

그분은 낙원에서 쫓아낸 아담에게도

약속을 남겨 주셨습니다.

†

"희망은 우리를 부끄럽게 하지 않습니다."(로마 5,5) 언제나 약속을 확신하며 살아가는 것, 이것이 바로 우리의 운명입니다. 여기서 '확신'이라는 말을 기억해야 합니다. 확신은 희망의 덕이 지닌 근본 원리입니다. 이 희망은 우리 편에서 일합니다. 사실 우리가 보는 것을 믿지 않으려고 하며 망설일 수도 있습니다. 그러나 주저 없이 나아갈 때, 확신은 불어나고, 커다란 기쁨으로 희망할 수 있습니다.

묵상

- 나는 얼마나 '확신'을 가지고 살아가는가?

오늘의 다짐

_____

_____

_____

기도

희망의 하느님,

세상이 저에게 말하는 것을 넘어

제가 하느님을 신뢰하며

하느님의 기쁜 소식을 나눌 수 있도록

도와주소서.

(주님의 기도, 성모송, 영광송)

오늘의 지향

17.

희망의 등불이 되어

교회는 희망의 등불을

분명하게 드러나도록 밝혀야 합니다.

그 희망의 등불이 구원의 확실한 표징으로

계속 빛나야 합니다.

†

　예수님은 우리를 재창조하러 오시어, 하느님과 함께 새 삶을 시작하는 우리 안에 있는 희망을, 우리가 살아가는 생활 방식 안에 있는 희망을 주셨습니다. 예수님은 당신이 행동하고 가르치신 모든 것 안에서 하느님의 사랑을 보여 주는 모범이 되셨습니다. 우리가 교회입니다. 우리는 밝게 빛나는 희망의 등불을 간직하도록 부르심을 받았습니다. 가난하고 목소리 없는 사람들과 함께하는 일에서, 병자들과 임종하는 이들을 보살피며 의지할 곳 없는 젊은이들을 돌보는 일에서, 국적이나 종교나 처지가 어떠하든 모든 사람을 향한 사랑에서, 이 빛을 가지고 다닙니다. 어두운 세상에서 희망의 횃불로 행동하며 그리스도의 빛으로 다른 사람들을 이끌어야 합니다.

묵상

- 나의 희망의 빛은 얼마나 밝게 빛나고 있는가?

오늘의 다짐

기도

희망의 하느님,

희망의 빛으로 제 어둠을 밝혀 주시어

다른 사람들을 위한 빛이 되게 하소서.

(주님의 기도, 성모송, 영광송)

오늘의 지향

18.

어디에서 세상의 희망을
찾고 있습니까?

제가 희망을 드릴 수는 없습니다.

그러나 예수님이 계신 곳에 희망이 있다는 것을

알려 드릴 수 있습니다.

†

　오류를 범하기 쉬운 인간인 우리는 희망이 우리가 간직해야 할 실제적 덕목이라는 증거를 찾거나 그 표징을 요구하곤 합니다. 그러나 예수님이 계신 곳에 희망이 있습니다. 예수님은 어디에나 계십니다. 희망이 희미해질 때, 아마도 거기에는 고요한 기쁨과 희망의 모범을 보여 주는 사람들이 있을 것입니다. 그들은 우리가 사랑하는 사람이거나 SNS 친구이거나 직장 동료이거나 커피 잔을 채워 주는 점원일 것입니다. 또한 정의와 평화를 위하여 일하는 사람, 다음 세대를 위하여 지구를 보존하려는 사람, 역경에 직면하여 다른 사람에게 더 나은 삶을 만들어 주려고 노력하는 사람들이 있습니다. 그들이 희망을 지니고 있다면, 이 세상에서 하느님의 현존을 생생하게 드러내는 그 사람들을 우리가 본받아야 하지 않겠습니까?

묵상

- 오늘 하느님 사랑의 증거를 어디에서 보게 될 것인가?

오늘의 다짐

기도

희망의 하느님,

제 눈을 열어 주시어

주변의 사람들 안에서

하느님을 뵙게 해 주소서.

(주님의 기도, 성모송, 영광송)

오늘의 지향

19.

신뢰는 지금 시작됩니다

삶의 작은 일이나 커다란 문제에서

언제나 주님께 의지해야 합니다.

그러면 주님에 대한 신뢰가 습관이 됩니다.

†

　하느님의 보호에 우리 삶을 맡겨 드린다는 것은 하나의 투쟁입니다. 우리는 흔히 수많은 일을 정리하는 방법이나 우리를 행복하게 해 주는 것이 무엇인지 하느님보다 더 잘 안다고 생각합니다. 우리는 하느님께 초점을 맞추고, 우리의 삶과 이 세상에서 이미 하느님이 일하고 계시는 방법을 보아야 합니다. 또한 죄에 중독된 예전의 삶을 끊어 내고, 새로운 생활 습관으로 파괴적인 옛 생활을 극복해야 합니다. 주님에 대한 신뢰가 습관이 되면 희망에 가득 찰 것입니다. 다른 사람들과 함께 희망을 나누며 그 희망을 키워 가야 할 것입니다.

묵상

- 어떤 습관을 버려야 하느님께 더 집중할 수 있겠는가?

오늘의 다짐

_____

_____

_____

기도

희망의 하느님,

하느님을 온전히 신뢰하는 습관을

지닐 수 있도록 저를 이끌어 주소서.

(주님의 기도, 성모송, 영광송)

오늘의 지향

20.

성령과 함께

우리는 커다란 희망으로 부르심을 받았습니다.

그 희망을 찾아갑시다.

†

 예수님이 사도들에게 보호자 성령을 보내 주시겠다고 하신 말씀을 기억하십시오. 예수님은 성령이 사도들의 마음을 확신과 용기로 가득 채우시어 하느님의 기쁜 소식을 선포하게 해 주실 것이라고 말씀하셨습니다. 예수님은 모든 제자들이 하나 되게 해 달라고 기도하셨습니다. 이 마음과 영혼의 일치는 우리가 희망 안에서 해야 할 모든 것을 알려 줍니다. 우리는 우리 자신 안에서 희망을 찾고, 다른 사람들 안에서 희망을 추구하며, 다른 사람들과 함께 모두 그 희망이 뿌리를 내리고 이 세상에서 진정한 변화를 이루도록 도와야 합니다. 우리는 혼자가 아닙니다. 성령이 언제나 함께 계십니다. 다른 사람들 안에서 드러난 성령의 희망이 우리를 붙들어 줍니다. 우리가 지칠 때 그 희망이 우리를 일으켜 세웁니다.

묵상

- 하느님이 보내시는 곳으로 갈 각오가 되어 있는가?

오늘의 다짐

기도

희망의 하느님,

성령께서 언제나 저를 인도하시고

하느님의 길로 이끌어 주심을 깨닫게

해 주소서.

(주님의 기도, 성모송, 영광송)

오늘의 지향

21.

권태와 환멸이 덮칠 때

용기를 내십시오.

주님의 제자가 된 기쁨을 빼앗기지 마십시오.

†

 아름다운 말과 고상한 감상은 세상의 불의와 폭력과 공포라는 거미줄에 사로잡혀 있는 영혼을 먹여 살릴 수 없습니다. 이 시대에는 희망을 잡기가 어렵습니다. 예수님은 결코 우리를 저버리지 않으신다는 사실에 계속 우리의 초점을 맞추는 것이 앞으로 나아가는 길입니다. 예수님과 함께 그분의 위로와 능력으로 살아가는 이 삶에 대한 희망을 결코 빼앗기지 마십시오. 희망은 우리의 여정에 예수님을 동반자로 모시도록 도와줍니다.

묵상

- 삶이 버거워질 때 가장 먼저 어디로 가는가?

오늘의 다짐

_____

_____

_____

기도

희망의 하느님,

하느님께서 저와 함께 계신다는 것을

언제나 기억하여,

희망에 찬 용기를 지니게 하소서.

(주님의 기도, 성모송, 영광송)

오늘의 지향

22.

희망을 나누는 사람

다른 사람들에게서 희망을 빼앗지 맙시다.

희망의 전달자가 됩시다!

†

 희망을 잃지 말고 다른 사람들과 함께 희망을 나누십시오. 희망을 나누기에 가장 좋은 첫째 자리는 가까운 곳에 있습니다. 가정과 본당 공동체와 일터에서 희망을 나누어야 합니다. 우리가 희망 속에서 살며 희망이 불어넣는 기쁨으로 일하기 시작할 때, 스스로 희망을 불러일으켜야 할 사람들에 대하여 더 많이 알게 됩니다. 다른 사람들에게 희망을 주는 것보다 희망을 찾는 더 큰 길은 없습니다. 미국의 극작가 오스카 해머스타인 2세는 사랑은 거저 줄 때에만 사랑이 된다고 썼습니다. 희망도 그와 똑같이 말할 수 있습니다. 희망을 나눌 때에 희망이 자라납니다. 우리가 선포하는 그대로 살아갈 때에 우리 자신도 풍요로워집니다. 이것이 바로 모두 이기는 것입니다.

묵상

- 오늘 희망의 메시지를 들어야 할 사람을 찾을 수 있는가? 기쁨과 함께 희망을 나눌 수 있는가?

오늘의 다짐

기도

희망의 하느님,

제 마음속에 생생한 희망을 간직하고

그 희망을 나눌 수 있도록 이끌어 주소서.

(주님의 기도, 성모송, 영광송)

오늘의 지향

23.

목적 안에서 서로 일치하여

우리는 희망을 다시 세우고, 잘못을 바로잡고,

행복 증진이라는 목적을 위해 노력해야 합니다.

다 함께 앞으로 나아가야 합니다.

†

우리는 하나의 세계 공동체입니다. 한 사람에게 상처를 입히면 모든 사람이 상처를 입습니다. 우리는 난민 보호에(그들이 고국을 떠난 이유에), 지구 보호에(모든 민족이 살 만한 환경의 보장에) 대하여 책임을 지고 살라는 명백한 명령을 받았습니다. 다른 사람들을 폄하하지 말고, 그들을 드높이며 이 명령을 수행해야 합니다. 그리고 희망은 우리에게 이 과업을 기꺼이 맡을 용기를 줄 것입니다.

묵상

- 지역 공동체에서 발생하는 문제에 내가 도움을 줄 수 있는 일은 무엇인가?

오늘의 다짐

___

___

___

기도

희망의 하느님,

제 눈을 열어 주시어

하느님의 희망이 필요한 모든 형제자매를

적극적으로 돕게 해 주소서.

(주님의 기도, 성모송, 영광송)

오늘의 지향

24.

디딤돌을 찾아

우리가 직면한 수많은 어려움 속에

빠져 죽지 않도록

희망이 우리를 붙잡아 줍니다.

†

　희망은 '겸손한 덕'이자 계속 관심을 기울여야 할 덕입니다. 희망을 생생하게 간직하려면 때로는 힘든 일을 해야 합니다. 희망은 다른 덕을 불러일으키는 첫째가는 덕입니다. 믿음은 하느님이 실재하시고 우리와 함께하신다는 것을 알 수 있도록 이끌어 줍니다. 사랑은 복음의 가르침에 따라 살아가는 길을 찾도록 도와줄 것입니다. 그러나 우리의 행동에 힘을 불어넣고 믿음을 굳세게 하며 사랑을 강하게 일으키는 것이 바로 희망입니다. 희망은 다른 사람들에게 다가가도록 도와주고, 우리가 투쟁해야 하는 것에 맞서 일치되게 하며, 모든 사람의 공동선을 위하여 함께 일해야 한다는 확신과 용기를 갖도록 도와줍니다.

묵상

- 어떤 덕이 실천하기 가장 쉬운가? 어떤 덕이 실천하기 가장 어려운가?

오늘의 다짐

기도

희망의 하느님,

믿음과 사랑과 희망을 더해 주시어,

언제나 하느님의 선하심을 전하는

힘찬 증인이 되게 하소서.

(주님의 기도, 성모송, 영광송)

오늘의 지향

25.

두려워하지 마십시오

이 어둠의 시대에

영혼의 평화를 간직하고 있다면,

그것은 희망의 씨앗을 지니고 있다는

표지입니다.

†

　두려워하지 마십시오. 이것이 교회의 메시지입니다. 희망의 충직한 메신저들은 '우리의 고통을 즐기는' 사람들에게 비웃음과 경멸을 당할 것입니다. 그렇다고 뒤로 물러설 이유는 없습니다. 그러한 비웃음은 희망과 기쁨을 더해 주는 자극제입니다. 특별히 온 세계를 더욱더 평화롭고 희망에 가득 찬 곳으로 만드는 데 일치된 사람들의 모임에서도 좋은 자극제가 될 것입니다. 영혼의 고요한 평화를 찾으십시오. 그 평화는 하느님의 사랑에 에워싸여 보호를 받고 있음을 아는 데에서 나옵니다. 그 평화는 우리가 희망 안에서 살아가고 있다는 가장 분명한 표지입니다.

묵상

- 마음속에서 고요한 평화를 자주 느끼는가?

오늘의 다짐

_____

_____

_____

기도

희망의 하느님,

제 두려움을 없애 주시고

진정한 평화로 저를 가득 채워 주소서.

(주님의 기도, 성모송, 영광송)

오늘의 지향

26.

행복한 확신

주님은 결코

우리를 저버리지 않으신다는

확신을 가지십시오.

†

　굳센 마음이나 확신을 가지고 있다고 하더라도, 마음이 시들해질 때가 있기 마련입니다. 그럴 때 희망의 메시지를 전파하는 것이 허사가 되지나 않을까 걱정합니다. 특히 자신이 불평불만이나 자기연민에 빠질 때 더욱 그러할 것입니다. 그러나 그러한 때일수록 하느님이 함께 계신다는 확신을 지니십시오. 매우 짙은 어둠 속을 들여다보면 바늘 끝처럼 가느다란 빛도 드러날 수 있습니다. 이처럼 좌절의 순간들을 깊숙이 들여다보면 아직도 우리 마음속에 남아 있는 희망의 빛을 분명하게 볼 수 있습니다. 하느님은 결코 우리를 저버리지 않으신다는 것을 기억하며, 마음을 활짝 열어젖혀 다시 희망이 떠오르게 해야 합니다.

묵상

- 어둠의 시간 속에 있을 때, 하느님이 함께 계신다는 것을 확신하는가?

오늘의 다짐

기도

희망의 하느님,

제 영혼 속에 희망이 잠들어 있음을

확신할 수 있도록 이끌어 주소서.

(주님의 기도, 성모송, 영광송)

오늘의 지향

27.

하느님의 자비는 끝이 없습니다

우리 마음 깊은 곳에 있는 희망은

하느님 자비의 힘을 드러냅니다.

†

되찾은 아들의 비유를 봅시다. 돌아오는 아들을 보려고 애타게 기다리는 아버지의 모습은 한결같이 우리와 함께 계시며 우리를 열망하시는 하느님의 현존을 보여 줍니다. 이 비유에서 가장 큰 계시는 하느님의 자비를 찾으러 바깥으로 나갈 필요가 없다는 것입니다. 우리가 찾는 희망은 드러나기를 기다리며 언제나 우리 자신 안에 있습니다. 여기서 해야 할 일은 희망을 묻고 찾는 것입니다. 혼자 고립되지 말고, 희망을 찾는 다른 사람들과 함께 끊임없이 희망의 메시지를 나누어야 합니다. 혼자서 찾지 못하는 것도 함께하면 찾을 수 있습니다.

묵상

- 내 마음속 깊이 있는 희망을 찾은 적이 있는가?

오늘의 다짐

기도

희망의 하느님,

하느님의 자비를 굳게 믿으며

제 마음속에 있는 희망을 찾을 수 있도록

저를 도와주소서.

(주님의 기도, 성모송, 영광송)

오늘의 지향

28.

고요하고 겸손하고
강렬한 희망

인생의 여러 순간에, 가장 어두운 순간에

그리스도인의 삶을 일치시켜 주는 것이

바로 희망입니다.

†

　희망은 공동체 안에서 번창합니다. 교회 안에 있는 한 사람 한 사람은 교회의 다른 모든 사람과 결합되어 있습니다. 우리의 삶은 선하신 하느님의 메시지를 함께 나누는 희망으로, 전쟁과 폭력을 극복하는 정의와 평화에 대한 희망으로, 모든 사람의 실현 가능한 인권인 존엄하고 안전한 삶과 자비에 대한 희망으로 결합되어 있습니다. 이는 우리가 교회로서 결합되어 있는 것입니다. 모든 사람의 선익을 위하여 일할 때, 가장 어두운 순간들 속에서도 희망의 빛에 젖어 듭니다. 희망은 고요하고 겸손하고 강렬합니다. 이 기쁜 소식을 믿고 전합시다.

묵상

- 전 세계 가톨릭 신자와 연결되어 있음을 느낄 때는 언제인가?

오늘의 다짐

기도

희망의 하느님,

전 세계에 있는 그리스도인들과

희망을 함께 펼쳐 나갈 수 있도록

저를 이끌어 주소서.

(주님의 기도, 성모송, 영광송)

오늘의 지향

29.

희망의 사람이 되어

그리스도인은 우리와 함께 계시는

주님의 현존을 알고

다른 사람들의 선익을 위하여 일하며

평화와 기쁨을 찾는 희망의 사람입니다.

†

　희망의 사람이 된다는 것은 끊임없이 우리 자신 안에 있는 희망을 키워야 한다는 말입니다. 우리는 다른 사람들의 도움을 받아 하느님과 다가올 선의 약속에 초점을 맞추어 희망을 키웁니다. 희망 안에 다른 사람들을 포함시키는 것은 언제나 중요합니다. 우리는 서로를 하느님의 똑같은 피조물로 대하며, 우리를 결합시켜 주는 희망의 힘으로 갈등과 적개심을 극복해야 합니다. 언제나 끊임없이 노력하는 것이 중요합니다. 그렇게 했을 때 우리는 다른 사람들에게 희망을 불어넣을 수 있고, 다른 사람들도 우리에게 희망을 불어넣을 수 있습니다.

묵상

- 희망을 어떻게 키우고 있는가?

오늘의 다짐

기도

희망의 하느님,

하느님께서 저를 사랑하시듯이

다른 사람들을 사랑하도록

이끌어 주소서.

(주님의 기도, 성모송, 영광송)

오늘의 지향

30.

이제 시작해 봅시다

오늘, 현실을 받아들이고, 앞으로 나아가,

많은 열매를 맺게 합시다.

†

　세계가 분쟁으로 갈라지고, 사람들이 공포 속에서 살며, 온갖 불안이 가득한 지금, 희망을 말한다는 것은 동화처럼 보일 수 있습니다. 그러나 그렇지 않습니다. 현실 가운데서 희망을 말하고 희망 속에서 살아간다는 것은 그 희망의 메시지를 앞으로 끌고 나가는 것입니다. 이것이 바로 우리의 소명입니다. 우리는 그 희망 안에서 응답하고, 열린 눈과 마음으로 가장 필요한 사람들에게 생생한 희망을 열정적으로 전해야 합니다. 하느님은 많은 열매를 맺으라고 우리를 부르십니다. 이러한 삶을 살아가라고 우리를 부르십니다. 희망을 창조하라고 우리를 부르십니다. 행복하게 살라고 우리를 부르십니다. 걱정하지 마십시오. 두려워하지 마십시오. 이제 시작해 봅시다! 언제나 모든 길에서 희망이 우리를 이끄는 힘이 되기를 빕니다.

묵상

- 오늘 어디로 희망에 찬 첫걸음을 내딛을 것인가?

오늘의 다짐

_____

_____

_____

기도

희망의 하느님,

제가 희망에 가득 차

세상으로 힘차게 나아갈 수 있도록

도와주소서.

(주님의 기도, 성모송, 영광송)

오늘의 지향

일러두기

이 책은 프란치스코 교황님이 하신 말씀을 묶은 묵상집입니다. 교황님이 하신 말씀의 문맥을 살려 편집한 내용이므로, 교황님이 직접 하신 말씀과는 차이가 있을 수 있습니다.